TRÁNSITOS

RAFAEL CASTILLO ZAPATA

# TRÁNSITOS

VISOR LIBROS

VOLUMEN MCCLXXVI DE LA COLECCIÓN VISOR DE POESÍA

Cubierta: Narciso Debourg. *Blanc Baladeur*, 1968. Colección Manoa


Isaac Peral, 18 - 28015 Madrid
www.visor-libros.com

ISBN: 979-13-87745-76-9
Depósito Legal: M-15662-2025

Impreso en España - Printed in Spain
Gráficas Muriel. C/ Investigación, n.º 9. P. I. Los Olivos - 28906 Getafe (Madrid)

*Para el Ángel*

# NOTA PRELIMINAR

Si un libro es el modo de leerlo —o, mejor dicho, el modo en que él mismo se da a leer—, este es un libro *nuevo*, aunque todos los textos que lo componen hayan visto la luz anteriormente, pero en un formato y según una sintaxis distintos. *Tránsitos* no es un conjunto de libros reunidos en tanto que libros, como aparecieron en mi *Poesía reunida* (2023), por ejemplo. No es tampoco una antología. Es el resultado de una nueva *orquestación* de los poemas que se dan a leer, de este modo, como un *continuum*, agrupados bajo la forma de una *suite* compuesta de seis partes numeradas. En cada parte, los poemas han sido dotados de nuevas señales: en vez de números, ahora los nombro. Mi tarea aquí, entonces, ha consistido, fundamentalmente, en *orquestar* y *titular*. Dos operaciones que han puesto a prueba mi paciencia y mi confianza.

Rafael Castillo Zapata

# UNO

## BREVE MEMORIA DE LA NIEVE

Me hablabas de Paros,
o de Naxos —pórfido,
caliza o mármol, mar Egeo—,
o de Imbros, algo
de Corinto, algo
acerca de unos ojos azules y mar
violeta, de Salónica
amarilla, de Roma
solitaria envuelta
en la calina de oro
del verano, o de Ampurias
bebiendo
en un mar de rosas, pero
yo pensaba en Noruega,
solo en Noruega, o Norte,
o, acaso, por nieve,
en Nínive,
                    Nevada,
                                   Nebraska,
                                                  ¡Alaska helada!

Me hablabas del sol y de la rubia
arena recostada
sobre la tibieza de mares

transparentes,
y yo pensaba en ese solo nombre blanco donde
se cifran el hielo y el mar
dormido que el deseo aclama
como el puerto real de su destino, y pensé *fiordo*,
costas de Finlandia,
por nieve, de nuevo, en Nínive
—Nínive blanca—,
monte de hielo,
¡*iceberg*!

Blancos
rebordes de recién
cuajado hielo
al pie de elevados
ventanales,
en diciembre vistos,
*chez* Mme. Emmanuelli,
en Florencia: el Duomo
afuera, enharinado,
como un *panettone*
bajo el plenilunio, y Venus pálida
asomada. Soledad.

El ciclista
que en Milán —de hermosos muslos—
atraviesa de pronto la calzada
en medio de la nieve, la tierra
bajo cero, blanca,
y el rastro

dejado por las ruedas en el polvo frío,
como una estela de tinta
en el hielo de la página.

## UN POETA EN GIRA
## POR LAS PROVINCIAS DE SU PAÍS

Los poetas,
cuando viajan,
son como hermanos
que el padre lleva
de excursión, y toman
por la carretera como
por un río que los conduce a algo
parecido a la felicidad.

Son como niños los poetas
cuando viajan y se asoman
por las ventanillas a respirar
el aire verde y gris de las afueras.
Más allá de las últimas pancartas
donde la ciudad se vuelve a medias campo,
suburbio de industria o basurero,
ellos encuentran el límite dichoso
donde comienza, por un tiempo,
el fin de la rutina,
que aborrecen tanto
como los demás
su oficio cotidiano. Adoran,
como ellos, el turismo.

Cuando viajan, los poetas
también olvidan, se deshacen
de pesadas cosas: de un amor
que se fue
y que viajó también esa mañana,
pero en otra dirección; escapan
de la imponencia de un compromiso
molesto, aquí o allá,
una imposibilidad, un reto,
todo, la vida; y recuerdan
el perro que tuvieron
y los tobos y las palas para arena que tuvieron y la vez
que sacaron los pies por la ventanilla
y una hermanita perdió un zapato
que la brisa arrastró hacia la cuneta.

Los poetas cuando viajan
se devuelven en la vida:
así dicen que es la muerte; un viaje
en una máquina del tiempo
en la que el hombre retrocede
—pasa revista—
y ve de nuevo las vacas de su infancia
y las estaciones de servicio de las carreteras de su infancia,
y los puestos de comidas de las encrucijadas de su infancia,
donde conoció el azar
en las luces de una maquinita de monedas.

## WHITNEY MUSEUM OF AMERICAN ART

La mejor obra de arte del Whitney Museum
no está en las salas del Whitney Museum,
no es un Pollock
                    no es un Warhol
                                        no es un Lichtenstein,
es la obra quizás de un granjero rubio de Alabama o de
   Memphis,
de cualquier parte del oeste o del sur
de los Estados Unidos / extensos y tantos
de Idaho
          de Colorado
                    de Texas quizás,
y de una mujer morena,
tal vez de sangre eslava / tal vez de sangre griega,
el agua pintada en los ojos / tal vez como en los ojos
de Greta Garbo / una luz elástica / marina
de Naxos
          de Paros
                    de Imbros
                              de Corinto / azules,
hija de inmigrantes marinos,
comerciantes modestos de New York.

Burt Lancaster hubiera podido ser su padre,
alto como un obelisco,
y Ava Gardner su madre,
en el color aceituna o violeta de sus islas natales,
y haberlo concebido en una noche,
como las noches de las películas / donde todo refulge,
como la noche en que debió ser concebido Paris
bajo el cielo constelado.

No / no está en las salas del Whitney Museum
la mejor obra de arte del Whitney Museum,
sino en los salones de su restaurante iluminado:
un mesonero que va y viene
con algo de artista en la mirada / con algo de artista en el
  vestir,
un Gatsby / una palmera rubia que se dobla y va y te mira
y son los propios ojos de James Dean los que te miran,
recibiendo los pedidos del almuerzo,
sirviendo el té de esas señoras que / en la tarde
hablan de modas o de Styron
                                        de Rothko
                                                        de Cage
y hacen sonar sus pulseras de metales / sus anillos de piedras
contra las copas / llenas de clara Perrier o vino helado;
mientras él va y viene,
va y viene / como uno de esos empleados de los grandes
  hoteles,
que pasan fugaces
por las escenas de una de las películas de Visconti

y anota los *tomatoes tuna* y las ensaladas césar
y sonríe a cada llamada con su mejor sonrisa.

No / no está en las salas del Whitney Museum
la mejor obra de arte del Whitney Museum,
la mejor obra de arte de todo el arte americano,
sino en los salones de su restaurante iluminado.
Es un Ganímedes retirando los cubiertos,
sirviendo cada copa / es una espiga,
una rama dorada / una palmera rubia que se dobla
y acaso se llama Allan o David
y se apellida Wilson o Smith,
y no aparece en ninguno de los libros de pintura
ni en los catálogos de las galerías.
La mejor obra de arte de todo el arte americano
anda por el Village
tomando un autobús
en Washington Square.

## ANTIPOSTAL DE VENECIA

Venecia se hunde
bajo el peso / paso
de esos japoneses que pasan / pisan
españoles que posan / instantáneas y postales
alemanes sudorosos
                                        norteamericanos que sonríen
ropa playera
                    sandalias
                                        sol
y yo no veo el brillo sereno / la bruma clara que decían
los vapores de luz de la Venecia imaginada.

Veo una torre torcida / a lo lejos
la humedad ruinosa que se esparce / lenta
la amenaza amarilla del siroco
un espejismo
                    nada.

San Marcos
invadido por los vendedores de abanicos y recuerdos
se quiebra sobre su piedra
en el agua quieta / verde y sin aspavientos de Venecia.

A los célebres leones de la Piazza / alados
se los llevó el diablo en sus sopores.

Mis ojos no reconocen / la ciudad que soñaban
en ese pobre simulacro de canales y de góndolas.

Como verás
no era en esto en lo que yo pensaba:
en este hervidero de mercado
ni en estos motores fuera de borda / rugiendo
ni en esta necesidad
desesperada
de una Coca-Cola
sobre la baranda negra de un Rialto sin hechizos
ni en estas montañas de figuritas de Murano
ni en estas pizzas infames
ni en este calor.

No encontré en las noches de Venecia / ningún Tadzio
ni aún entre los cuerpos de los más apetecibles / muchachos
de los más dados
peligrosos
activos.
¿Qué son / a fin de cuentas
Mahler
Mann
Visconti
frente a esa imagen clara de tu cuerpo / de ti que no pudieron

apagar ni viaje ni distancia
ni pena
desamor
u olvido?

## *LE PLI*

Viéndote salir del baño entre la niebla
que regala generosa al aire el agua tibia,
yo suspiro invocando la presencia
de un milagroso rayo que viniera
a paralizar así tus movimientos
en el mágico momento
de esplendor y humo en que tu cuerpo
entre las alas de tu bata
de paño sin ceñir asoma
en inconcluso eclipse
y la limpia estepa de tu vientre o pecho,
cabe un hombro,
el labio,
la pestaña apenas de una circular orilla o valle
y bosque y aura y bruma se insinúan
tras la hendija de la tela entreabierta por un hado
por fin cómplice que asiente.

Que esa hora
en la que el cabello goteante
como un húmedo animal dormido
destilando su carga
en la lenta playa de tu nuca brilla
sobre el declive de la espalda derramado

se detenga y pueda
contemplar yo todavía
a medias liberado,
un poco preso, mas no mucho, así,
tu sexo dibujarse en lo entrevisto
de tu piel y el paño, pido, esa abertura
demorada donde la belleza
se regala sin darse,
con ese engaño de tiempo
que simula eternidad.

## NO COMO LA HORMIGA LOS AMANTES

No como la hormiga diligente
que arrastra rama o pétalo —despojos
son a sus espaldas sólidos
tesoros—, una enorme
concha arrugada, resto
de algún párpado de rosa
que fue blanco, ella transporta
rumbo a la encallada madriguera;
nervio y músculo, la presa
en alto, sobre las veloces
patas diminutas.

No como la hormiga que calcula y viaja
por negocio, y ahorra y labra
el porvenir que no tendremos,
nosotros, que vivimos siempre
al día y dejamos para mañana siempre
el trabajo de acumular abrigo y alimento
para los días venideros; nosotros,
que no fuimos hechos sino para andar desnudos
y descalzos por los cuartos arrastrando
tibio polvo de pereza y barba
ya de días y camas sin hacer,
entre platos apilados y escritorios

revueltos; nosotros, inocentes
de toda militancia,
a los que nos será cobrada tal vez
alguna vez nuestra apatía, nuestra torpe
indiferencia y esa cómoda
inclinación por recibir lo que tan fácilmente
nos da Dios como a los pájaros, obteniendo
placer por cualquier causa
o sin razón como regalo, naderías
nada heroicas, exquisitas
indigencias cotidianas que llenamos
endeudándonos o dejándolo pasar.

No así la hormiga tozuda que no ceja
y no descansa, huérfana
de ocio en su eficacia preparando
el terreno de antemano
para el día de la helada; la que goza,
al final, de una tranquila muerte
en cálido lecho de hojas y alimento
reunido para el viaje hacia el olvido
en su sarcófago de egipcia, beduina
larga, patitiesa plácida, difunta
infanta serena entre pólenes y ramas.

No moriremos así, tú y yo, desprevenidos,
sin haber asegurado
nada y sin tomar medidas; llamados
a mejor vida por más
hermosa muerte y sin cuidado, acaso

como muere la cigarra por más puro
motivo, o sin razón,
y enamorada.

## *A ROSE IS A ROSE IS A ROSE*

Son siempre rosas
todas las rosas; siempre
rosas; rosas son; incluso
las de plástico son rosas,
las verosímiles de lejos
—¡aquellas que fotografiabas
y exhibías!— rosas
artificiales, rosas compradas
en las cercanías del viejo cementerio una mañana,
que tanto te gustaban, rosas
sin ninguna frescura ni fragancia, pero
casi perfectas, me decías, como estatuas; rosas
baratas, rosas
imperecederas —y no,
como de Propercio, rosas
apenas de una noche—; rosas
para siempre, nuestras,
que el polvo luego cubriría
como a la larga cubre todo; rosa
de rosa piedra, de blanco
piedra tirando ya hacia blanco
hueso o esmaltado marfil granado
con pátina mosquil.

Ah, si nuestro amor fuera
comparable a la existencia
de esa rosa sin ínfulas —pero eterna— que no muere
(de plástico inmortal la rosa
barata atesorada), ¿sería acaso
injusto o loco que deseara
que no muriera él tampoco, o solo
muy poco a poco,
ni bajo el polvo ni
bajo la traza diminuta
de la mosca que a diario
nos visita, amor, y nos inquieta
con su revoloteo y su amenaza;
y así durara y perdurara,
aunque a cambio de ser plástico,
un poco más, o mucho más,
el amor nuestro inagotable,
hasta el hueso duro de su edad de material
no reciclable, imperturbable él,
como si nada, y puro, con el paso
lento y largo
de los años?

## HOTELES DE PASO (CANCIÓN)

Vinimos aquí a caer / como otros caen aquí mismo
con el mismo apuro de acabar / caer
sobre este mismo jergón de amanecidos / caídos
donde otros se llueven lo mismo en un relámpago lo
    mismo
que nosotros / y se van,
se levantan y se van como nosotros.

Sin tiempo para nada / se levantan y se van
y el portero toca la puerta / para que se vayan
porque es la hora / pues / y vienen otros
y la noche no da abasto
para todos los que vienen,
para todos los que vienen y se van,
se levantan y se van como nosotros.

Que esta misma cama
la necesitan otros / como nosotros
que se levantan y se van,
se levantan y se van
y dejan todo este dolor del mundo al levantarse, lo mismo
que nosotros en los cuartos alquilados
en los hoteles oscuros de tantas avenidas,

que se llaman Berna / Barcelona
Liana / Myriam
Royal / Vox.

Se levantan en la noche de Caracas / y se van,
en la madrugada de Caracas se levantan y se van,
se levantan y se van / como nosotros.

## *LE PARTI PRIS DES CHOSES*

Rodearse de tantos objetos
para compensar el vacío: nada cuesta
que no puedas
pagar incluso a plazos
con tu sueldo, talismanes
que la astucia y el capricho
pusieron a tu alcance
para no dejarte avasallar; pues la belleza,
el lujo, útiles son como consuelo
cuando la vida abruma demasiado y falta alguien
a tu lado y una boca
de sombra demasiado oscura se abre repentina
ante ti en el aire claro de la noche
que burlona te sonríe; así la luz
de la pantalla y el sonido de diversos
aparatos eléctricos encendidos a la vez
te reconfortan contra el miedo; así el perfume
de la caoba, el árbol
de Brasil con cuya madera un artesano
te fabricó una cajita como de mármol
donde acomodas tus plumas; o aquel libro
de mil novecientos y tantos con guardas como
    de lapislázuli
en interior con biombo antiguo; o la ya vieja

caja de lata de galletas *art nouveau* con ornamentos
de lises y de lirios que te legó tu abuela o que robaste
antes de la repartición de sus despojos; libros,
libros, libros, como corazas; y cuadros
y fotografías y postales; la butaca
con orejas que cambió de tapicería como de piel al paso
de los años; la lámpara de luz
halógena; la hamaca
indígena; las botellas vacías
de Antaeus, negras,
como estatuillas de exvotos
en las repisas del baño, altar helado; y las amarillas
cartas de póker que acompañan
tus tercos solitarios
desde la temprana adolescencia te rodean,
todavía, heredades añejas
y adelantos recientes aún envueltos
por la protección elástica del plástico;
como si únicamente ellas, las cosas,
anuentes, complacientes,
se amoldaran, así, al ritmo
de tus periódicas caídas, bajas funestas,
depresiones, crisis de amor, y sostuvieran
tu corazón como arbotantes sólidos la espalda
de una catedral de frágiles murallas, parapeto
alrededor contra las ráfagas
del francotirador oculto dentro
que amenaza.

## *CARPE DIEM*

Aunque sea un instante soñamos
con dejarnos, abandonarnos
al delirio de que ya
nada nos pesa. Tendidos
bocarriba en la arena ya
no calculamos, cedemos,
nos dejamos convencer por la fatiga
y fingimos
que ignoramos y creemos
que el mundo se somete por fin dócil
a nuestra voluntad. Voy
a sentarme al aire libre en un café, me iré,
disfrutaré de eso que llaman *pasar el tiempo*,
merodearé, tranquilos
cabotajes haré
por estas tiendas, por estas mesas,
contemplaré el ocaso —rosa y cobre—
sobre el negro borde
de los edificios a lo lejos. ¿Quién no querría
ser de vez en cuando esa cosa sólida que vive
indiferente a su propia brevedad y persevera:
ese muro, esa fuente, esa pradera
de luces, el arco de este puente, la pura
redondez de esta naranja despidiendo

después de ser abierta así su aroma
sin preocuparse para nada ya por lo que fue,
de dónde vino,
a dónde irá? El humano
deseo de ser polvo algunas veces
se apodera de mí con insistencia; la idea
de amanecer impermeable a todo compromiso
    sobrevuela y rehuir
toda responsabilidad de pronto, toda meta, se convierte
en confortable tentación. A veces
una copa de vino blanco helado puede
salvar una tarde como esta, u otra cualquiera;
puede ser suficiente para atravesar con vida densos
bancos de niebla y evadir
escaleras que dan acaso hacia algún techo
de accesible cornisa donde relucen las antenas,
o a terrazas vertiginosas desde las que alguien
con menos paciencia que nosotros pueda
entregarse sin pensarlo mucho
al inevitable hechizo de la tierra
de reconfortantes brazos, y morder
el polvo de su tibio pavimento.
Para que esto no ocurra,
si por casualidad tienes un Valium
a la mano, ingiérelo. Cumple tus caprichos. Sueña.
Darse gustos cada cierto tiempo
para no desprenderse finalmente
de tan frágiles bisagras a la vida es conveniente;
no intentar ya nada por alcanzar un paraíso
a fin de cuentas ya perdido y conquistar a cambio

la neutra sensación de estar de vuelta ya de todo y de
vivir
en medio de la impiedad, así la indiferencia.

Descorcha, descorcha la segunda
botella de vino de la tarde ya como si nada y olvida,
olvida la cuenta de tus remordimientos, viejas deudas
que ya no saldarás, mares de cosas
pendientes que deberías,
para tu propio bienestar,
mantener así, irrealizadas. ¿Quién,
quién no querría, por otra parte,
estar en otra parte siempre, en brazos
de playas heladas, por ejemplo,
con bosques susurrantes donde taladre la noche
el aullido largo de algún lobo?
Tener un perro cazador, armar
para la marta cibelina trampas,
seguir huellas y amontonar hojas
con un rastrillo, apalear nieve,
vadear el río de furia
de desatados elementos, ser
el salvaje atleta
que atraviesa los campos
y acarrea leña y enciende el fuego diariamente.
¡Oh, Lowry; oh, Hemingway!:
pipa, rifle, caña, máquina, taza
de café. ¿Quién, dime,
quién no querría ser de vez
en cuando una piedra

simplemente, tener la limpia
serenidad irresponsable del guijarro zarandeado
—viento y ola— sobre el arenal?

# VIVIR

Sabes que este temblor y esta fatiga
al respirar, sobresalto y desmemoria —dedos
corriendo nerviosamente sobre
superficies rotas, amarillos
por la frecuentación compulsiva del tabaco—, que la
    angina
nocturna y el insomnio, cortadura
del mentón mientras te afeitas, las continuas
desazones y perplejidades y comunes
miserias que a lo largo
del día y de la noche turban
tu calma e impiden
tu felicidad a nada llevan. Que los bares
de ambiente son un círculo
vicioso de la misma gente riéndose
de iguales chistes con igual
desesperación en la mirada
y frío y miedo a los contagios.
Que los libros
no te atrapan, ninguna trama,
ninguna red te envuelve ni seduce
nada, ni Dios, ni culto
ni apetencia deportiva, salvo
el rendirte al sol

sobre la arena del domingo: el apacible
deporte de contemplar los cuerpos
prepotentes en el bronce de la piel y en la implacable
carne sometida por elásticos
trajes de baño de colores eléctricos; que,
salvo eso, ni manía ni vicio
ni obsesión hay que te sostengan,
ni satisfacción alguna en los contactos: esas cenas
con amigos que reiteran viejas
conversaciones siempre inacabadas, siempre
reanudadas: desamor,
tensión, desdicha —esto no es vida—, los misterios
de la siempre inesperada muerte que acontece,
o la boda o el divorcio, el libro
que piensan escribir, el viaje
que desearían, con copas
prolongándose hasta el colmo
de la noche, incapaces
de terminar por fin con la comedia. Que nada
tiene esa consistencia de cosa
perseguida en sueños, esa seguridad
material y esa entereza,
esa certeza o forma de la dicha
imaginada tenazmente, el paraíso
perdido del sabio aplomo o la belleza,
indiferente de por sí y escasa, de la juventud
que ya no vuelve, salvo el cuerpo
entrevisto en la neblina
de los baños o el perfume
que despide la piel

desnuda, por sí misma
—entre el vapor y la madera—
dulcemente vapuleada. Sabes
que son treinta años ya de terca
persecución incansable y de intentarlo
todo por sentar cabeza renunciando
a toda ilusión desmesurada,
a toda pasión o maldición eternas, delirio,
extenuación o entrega, rebuscando
un lugar de reposo por fin y no la muerte; acaso,
en cambio, un cuerpo
que te salve así en su ira al desnudarse
juntos para luego
acometerse a dentelladas con tristeza
que desaprendió toda ternura y sin misterio
desahogarse o anularse
a fondo y desquitarse
a puñetazos, ver la sangre
y el dolor por fin concreto
y no del alma o del espíritu y sentirse
vivir: esa batalla
desprovista por completo de dulzura, mas palpable,
que redime
del rutinario temblor y del cansancio
de tener que convencerse
diariamente de estar vivo en esta
larga muerte de vivir.

## CONTEMPLAR EL MUNDO AGUDAMENTE NO REDIME

El país más rico del mundo tiene pobres
y hace falta vivir en él
para darse cuenta: Washington
es blanca, como nieve
por cuyas venas corriera siempre fango, dice
mi amiga de Maryland; hay barrios
promiscuos como este pecho, y se señala,
en el país más rico del mundo,
de apartamentos mal ventilados
y bajantes que se obstruyen como en un cuerpo
las venas escleróticas. El ascensor
ya no sube ni baja por la tráquea vacía
donde retumba un eco en la noche semejante
a una taquicardia; sé
que en dos o tres o cuatro puntos
del planeta hay
una guerra distinta desatada
en este instante; ciertamente nada
llegamos a saber de los motivos, pero vemos
famélicos cuerpos de náufragos
en el país más rico del mundo, y ahora mismo,
en los más pobres, vemos moscas
ocupando el lugar de los ojos, cráneos

enormes y transparente carne y no sabemos
si hacemos algo contra todo eso apenas
porque tenemos rabia y apretamos
los puños con inútiles
movimientos de cabeza preocupados; pero,
cuando por casualidad una se corta
afeitándose las piernas, dice,
ya para mí es una catástrofe
la más mínima sangre; en la oficina
no veo la hora de que llegue el momento
plácido —esa luz si es primavera,
o verano— de la merienda
para saciarme, incapaz
de soportar un minuto de hambre en el país
más rico del mundo.
En el país más rico del mundo ni remotamente
llegamos a saber nunca ni la causa
ni el efecto de la furia desatada; la palabra
*bombardeo* tiene ahora solo
un retumbante efecto rítmico en la página; ese rostro
abolido una mañana de Basora es, en cambio,
la contrapartida nada metafísica del mundo
que supera siempre a la metáfora, cualquier lujo
de la frase siempre
por debajo de la vida,
o de la muerte, nada
frente al traqueteo de las ráfagas
en la noche arrasada de Bagdad; no basta
contemplar el mundo agudamente y mantenerse
informado, no basta

con formarse una opinión; el sentimiento
de culpa por debajo ronda; apagado,
en medio de tanta complacencia,
el remordimiento frente al hecho
de que nunca intervenimos sobrevive; el tedio
que ocasiona el pensar siquiera
en eso, la desganada esperanza
están royendo, socavando
la confortable tranquilidad, la paz
del alma, en el país
más rico del mundo; ¿por qué
te extraña tanto entonces
que nos tendamos desatentos
en nuestras sillas de extensión alrededor
de una piscina? —¿qué querías?—; sabias trampas
para caer en la benéfica inconsciencia y esquivar
las minas o las bombas de esta o de otra guerra; adjetivarlo
todo, por ejemplo, esparciendo
denso humo tras las cosas
arrasadas, sembrando
sal en la memoria, en el país
más rico del mundo: Washington,
blanca como nieve
por cuyas venas corriera siempre fango; escribir,
llevar un diario, rebuscar
el esplendor en lo huidizo
del ordinario mundo que se escapa; hacerse asiduo
de un modesto vicio al menos, fanático
de algo, comúnmente
de un deporte, haciendo planes

para las vacaciones venideras, practicando,
mientras podamos,
el difícil arte del olvido.

# DOS

## BORÍS PILNIAK, 1938

*Quiero trabajar mucho. Tras una larga reclusión me he convertido en otro hombre, veo la vida con nuevos ojos. Quiero vivir, trabajar mucho, tener papel ante mí para escribir una obra que sea útil a los soviéticos.*

BORÍS PILNIAK

Toma a tu cargo ahora
el peso de esta pena
por la que no penaste y llévala,
llévala contigo. Mira
en la mirada de esos otros
ojos eclipsados la luz muerta
en las órbitas maduras por el miedo, y guíalos
hacia donde tengan paz
en su ceguera. Siente
en ti la ola del mal que los aplasta
como una losa
sobre el puente de la nuca y siente
la herida del grillete, barracones
desnudos y débiles lámparas: un barril
donde sumergen cada tanto
la cabeza azorada de un hombre
para que confiese, pasadizos
donde el moho clava
pálido su diente.

Imagina los poemas que escribirá luego
de haber recibido su dosis
de horror y respondido
a los interrogatorios. No hablará,
por supuesto, del agua.
Se concentrará en el cielo, el amarillo
labio de la tierra
besando el techo bajo de nubes; fijará
su atención sobre las copas
morenas de los abedules, pero
del río o del lago no dirá nada,
como del agua estancada
del tonel donde dos manos
lo obligaban a devorar su imagen
en la superficie de un espejo
que cedía y abría su enorme
boca hacia la noche
profunda de la muerte, unos segundos,
suficientes para hacerle creer
que ya no volvería. Pero
está una vez más ante la luz,
ante las cosas del mundo, de nuevo,
y quiere olvido, nada
que alimente el recuerdo oscuro
del agua en el tonel, e intenta
concentrarse en la verdura
de la tierra imaginando
un planeta sin torrentes,
sin espejos,
                    sin estanques,

sin toneles. El hombre
de la cabeza sumergida a la fuerza,
que ha bebido a fondo el agua de su imagen
y no tiene otro rostro, prefiere,
ahora que puede, evitarse
recordar.
Recuerda tú por él, para los otros; diles
de la frialdad del agua como vidrio,
de la profundidad del agua como azogue, nieve
negra, al otro
lado del espejo que se hunde; háblales
de los pulmones inundados,
de la taquicardia, del tambor
mojado de las sienes y los tímpanos cediendo
a la fuerza invasiva
del agua atropellada. Muestra
al que trata de olvidar
mientras camina por el sendero bordeado
de hierbas y de arbustos, el lugar
de donde viene, la casa
de su penúltimo renacimiento, su ser
de agua, como pez salvado
en el último minuto,
su origen oscuro de cosa
a punto de morir, amenazada. Tráele,
de vez en cuando, el sonido
del chapoteo retumbando
en medio de la celda, la irisada
revolución de las burbujas
en los bordes, como el agua

que corre por las piedras
del arroyo cercano. ¿De qué
va a escribir si no? ¿De estos
cielos que encandilan? ¿De estos
campos floreciendo? ¿Cómo,
si viene de la muerte? Hazlo
volver cada tanto a su *casi* muerte para
que no muera
realmente. ¿No es
su vida escribir? ¿No era
su último recurso acaso
bajo el agua pensar
precisamente en el papel
que tendría a gusto cuando
acabara todo aquello? Papel,
papel para escribir, hojas
en blanco, y tiempo. ¿No era
entonces eso lo único
que podía infundirle coraje, la promesa
de lo que iría a escribir? No dejes, pues,
que esa promesa muera, que esa luz
al fondo del pasillo, esa
corriente de aire al borde
del último suspiro ceda. Habla,
habla tú por él mientras el agua
sigue su curso y los espejos
reflejan su noche y su silencio
en la presencia de Borís
Pilniak, ajusticiado finalmente, vivo
en la memoria larga del papel.

# TRES

## EL GUIJARRO REPENTINO

Que el poema se apropiara de la condición desnuda, maciza, de la piedra. Que llamara apenas la atención como el guijarro repentino a quien lo encuentra a su paso: su aparente insignificancia expuesta sin alarde a la mirada. Y la magnitud, en cambio, de su constancia en pertenecer al orden de lo que dura y resplandece.

## DECIR LA CENIZA

Poema, guijarro: diminuto mendrugo fraguado por el rayo. Lengua de lava que dice su ceniza. Pobre palabra petrificada.

## LO RESGUARDADO

Lenta, la piedra madura su paciencia. Sorda, sola, avara resguarda su claro, adentro. Aprende lo hondo. Aprende a callar.

# LO CONTENIDO

Piedra del poema: bajo tu párpado apretado, ¿qué sueño, qué memoria, qué palabra contenida que no se dirá?

## LA DEUDA

Trabajado por el agua en las orillas, lavado, pulido por los vientos que lo llevarían y traerían por las estepas del lenguaje arrastrando polvo, el poema viviría en la plenitud de la libertad de no deberle nada a quien lo toma y lo arroja lejos de sí o lo conserva, como un rugoso tesoro de la mano.

## LA BREVEDAD

Empujado siempre hacia los márgenes, acometido, sitiado, el poema arriba a un lugar que le parece destinado: hijo de grandes moles de palabras, reducido a una porosa forma de la brevedad, sobrevive magro, desprovisto, en su desierto.

## LO RESPLANDECIENTE

Mil veces pasada por agua la piedra resplandece.

## LA ENEMIGA

Ciega fuerza de un puño que nada golpea. Cerrazón pura.
¿Contra qué te impones, oscura enemiga, callada?

## LA SERENA

Era, bajo los olivos, la única serena en el declive hacia la playa que azotaba un viento. Todo bramaba en este acantilado verde de Provenza. Niza ardía, era una tarde. Y la piedra sobresalía confiada. Supe cómo triunfaba de la polvareda entre la hierba arrasada. Y el cielo era su látigo. O el amor.

## EL ENIGMA

En medio de la semejanza de las fuerzas que nos dominaban, tú sabías disponer de la existencia mejor que yo, y era un enigma. Yo vivía para descifrarlo. Mi palabra crecía al borde de esa destreza de ser que veía desplegarse frente a mí como lo vasto.

## LA PREFERIDA

Yo te veía dorada bajo su dominio: la luz te prefería por encima de todo lo creado: corría a abrazarte y se quedaba sobre ti mucho tiempo, inmovilizándote, como el abrazo del luchador mejor que te supera. Era solo por su peso que nada te sacaba de tu concentración. Eras feliz. Y querías permanecer bajo su rayo. No te desprenderías fácilmente de su cerco, lo sabía. Le peleabas a la noche el privilegio de prolongar sus agasajos.

## FELICIDAD

Sentada bajo su rayo, pareces condenada a beberte la luz que te fustiga. Y eres feliz, como quien ama y es amado, o desconoce el amor.

## FIDELIDAD

A mí me acompañaba el dolor: era lo sometido. Y en cambio, ¿a ti qué te acompañaba, dura, que me pareciste de pronto mi enemiga?; ¿con qué fuerza habías pactado?; ¿quién te legó lo exento, lo resguardado? Venías acompañada siempre de la palabra *fidelidad* como tu nombre. Pero el amor no me fue fiel. Por esos campos.

## EL DESENGAÑO

Porque no hay nadie. Porque siempre no habrá. La piedra como contraste, en lo que perdura.

## EL RESTO

Palabras de arena. Paletadas. Toma tu ración nocturna y tritura el grano de la sílaba como una astilla que arde en el entrecejo de un diente. Vaciado, el lenguaje te entregará lo que le reste de sangre. Lo que le reste de sangre será tu perdición.

## EL AMOR

El amor. Qué dura breña para nuestro sueño, donde ninguna bestia dormitara. Es más dulce la más dura piedra, y más blanda, que este brezal donde te encuentro y te amo, por celebrarme en las espinas cada vez. Por no dejar.

## PARTE DE PIEDRA

Ahora puedo detenerme, piedra. Echarme a tu lado como la ortiga. Prenderme de ti como los líquenes quemados. Brillar.

## EL MAL AMADO

Hasta en ti el desgaste es el precio que pagamos por haber vivido. Pero ¡qué edredones los que urdió el viento sobre tu carne!, a diferencia de estas devastaciones tristes sobre la frente del que ama y no es amado. En el brocado que talla el agua en la débil arenisca de tu piel está la prueba de tu magnificencia. En cambio, ¿qué hemos sacado nosotros del dolor sino la ojera cavernosa, o el litigio del nervio con la sangre, o este mar de arrugas y de sombras que ponen en el lugar de tu entereza nuestra decrepitud acelerada?

## LA PERSEVERANCIA

Ser como la frente de esta piedra que se abandona a su suerte y viene de ser herida, acaso por un rayo, y persevera.

## LO EFÍMERO

Comenzando por la piedra, todo acaba. Incluso ella dice adiós bajo el bocado de una ola y desaparece. Así los ojos bajo los párpados.

## LO PERMANENTE

En medio de todo era la piedra, como la vida, que el tiempo, lento, erosionaba. En medio de todo era su frente. En medio de todo era su cuerpo todo bajo la mano del mediodía derramado.

## LOS CALLADOS

Habíamos llegado a un punto en donde, a partir de allí, ya nada habría. Y nos topamos entonces con la piedra, de repente. Nos casamos con ella para borrarnos. Bajo su peso nos dormimos. Nosotros, los callados. Los que ninguna luz verá ya más sino los topos, los ojos ciegos de la noche, o la palabra *eternidad.*

## LA GRACIA

Pero cuando llega por fin el momento de la tregua y cae la nieve sobre ti como una sábana y te envuelve; en la sola hora en que la noche no te despoja por una vez de tus pobres pertenencias en el sueño; como si te regalara alguno una camisa, por nada, y recibieras la gracia del encuentro, asintiendo, como una bendición; entonces, ¿creerías?

## LA SEMEJANZA

Parecerse a ti sin ser la muerte.

## LA VISITA

Era el tiempo en que venías a verme como el pájaro que visita a la piedra cada tanto. Como la piedra yo esperaba el picotazo, el roce de uña de la pequeña garra para vivir.

# CUATRO

## EL INCENDIO PROVOCADO

¿Cuándo se hará una pira con estos juncos oscuros y estas zarzas, y despejaremos tu frente a hachazos como invasores hambrientos?

## LA VISIÓN

Amo la palabra *lámpara* asociada a tu futuro. ¿No te veré brillar, acaso, bajo las estrellas, rescatada de tus mortajas como una novia nocturna? Rodeada de fogatas, de llamaradas, se encenderá tu rostro cuando se agiten, en la danza, tus miembros desperezados. ¿No veré arder tus pantorrillas como leños consumidos en la furia de la fiesta? ¿No te veré beber hasta cansarte? ¿No te veré dichosa entregándote por fin al que te desposa, paciente novio que te recibe para renovarse con tu sangre durmiendo junto a ti?

## LA RECOMPENSA

Irás despeinada, Providence, desgarrada por el viento. Irás mostrando tus carnes bajo las tablas y el tapizado de flores. Se te verá el alma. Tus cornisas serán como flecos de un traje raído. De nada te servirán tus granitos y tus maderas pintadas de rojo y azafrán. De nada tus pizarras ni tu asfalto. Te veré desnuda, desamparada, desecha, y te abrazaré con rabia, estrepitosamente. Serás mía cuando nadie dé nada por ti. Ah, tu sonrisa, entre los labios agrietados, será mi recompensa, tu regalo de paja, tu perfume, tu desolación.

## EL PESO DE LA NOCHE

¿Qué será de ti hasta que amanezca? ¿Quién sostendrá contigo el peso de la noche para que no te aplaste bajo su dominio?

Rosa de piedra: que nada te haga crujir como a un hueso vencido. Resiste. Sírvete de mis manos. Ampárate bajo el puente de mis brazos. Desnuda, sé mía. A espaldas del relámpago.

## LO REMOTO

Ha caído la noche con sus fogatas invertidas. Sus mil ojos están contemplándote, Providence, abriéndose paso por entre la espesura de espinas de tus bosques. Me guiarán mejor que lámparas sus luces. Hacia tu orilla remota.

## LA RESPUESTA

¿Cuánto tiempo le has dado la espalda al mar que mordisquea tus tobillos ofreciéndote su boca? ¿Cuánto hace que olvidaste el olor de la sal, el óxido verdinegro de sus algas, la oscura invitación de sus gemidos?

Te veo desde una colina. Como tras un naufragio, tus maderas se pudren en una playa grisácea, llena de arbustos muertos y de conchas.

¿Cuándo te levantarás de tu tristeza, Providence? ¿Cuándo responderás a la insistente sonrisa del agua que te ladra?

## PROVIDENCE

Leo en tu nombre la huella de bárbaros marinos balleneros,
arponeros fanáticos amigos del hielo y de la noche.

## EL GRITO

Barbas resecas en la cabecera de los bosques hasta el infinito.

Capotas de niebla envuelven a los tristes animales del invierno en su resaca.

Ni un eco, Providence, en la rala espesura por entre la que te llamo desde lejos sin que me sientas gritar tu nombre largo en lo quemado.

## EL ESPEJISMO

El cielo desplomado te embellece, Providence. Te miro cuanto puedo bajo esa luz hasta cansarme. Equivoco tu rostro en su espejismo.

No sé si estás allí en verdad; si eres tú todavía; pero te amo.

Como bajo una lámpara complaciente, tus señas ocultas bajo el día reaparecen de pronto, por un instante, y te recobro, pura, peleándole a la noche que comienza ese retazo de esplendor inesperado.

## LA BÚSQUEDA

No me dejé confundir por tus bosques, que me atraían con sus garras levantadas.

Buscaba tu rostro en medio de todo.

No era ahí la oscuridad.

## EL REENCUENTRO

Ya pienso en tus encajes, y anticipo las fogatas y el oro que rodearán tu cuerpo el día en que te levantes empujada por el hambre y la sed de tus labios clausurados. El día en que te decidas a robar el alimento que ahora pide tu sangre sin que se atreva a sublevarse todavía. Pero ya pienso en tus excesos, en tus danzas, en tus tobillos desnudos floreciendo entre la hierba.

Sé que no es la hora todavía.

Pero me adelanto a tu alegría al reencontrarte con el mar: tus bodas con la luz, tus gulas animales, los muslos de bronce del calor una mañana, redondos, sobre ti.

## LA RISA DEL CIELO

El cielo desplumaba rabioso un pájaro otra vez sobre tus cornisas, Providence. Se reía de ti. Calaba hondo en el aire con aquel cuerpo ya helado, le daba vueltas, y esparcía un torbellino de vidrio al borde de tu garganta. ¿No escuchabas cómo traqueteaba aquel alud bajo mis pasos, mientras abría pequeños ríos de sangre sobre la carne de tu nombre?

## LA AMORTAJADA

Toda esta nieve tendida. Tal derroche de telas para cubrir a la dormida que calla. A la soñolienta. A la hecha de piedra. A la casada con el silencio bajo manojos de zarzas oscuras y de ramas. Abandonada por los pájaros. Pálida. Sin sangre. Desconocida.

## LA RÁFAGA

Torbellino de viento, balada blanca para la novia que tirita.

¿Qué vestidos de lana, qué edredones de plumas habrá que desplegar para reconfortar a la mujer cuyos tobillos se hielan? ¿Qué mantas tupidas, qué sombreros, qué calzados confortables para la prometida que se retrasa, paralizada por una ráfaga de nieve en el camino?

Fogatas por las avenidas, grandes piras para calentar la ruta de la sonámbula extraviada, de la muerta de frío que atraviesa la noche.

## LA CABELLERA

Ese blanco, desplumado paraíso degollado sobre tu cuerpo, pájaro quemado, empequeñecido prematuramente desde la esponja de su altura hasta el asfalto en que se quiebra, Providence, su cáscara. Trizas de hielo sobre la cabellera espesa de tu nombre.

## EL CAZADOR FURTIVO

Me iré por los costados. Por las hendijas donde claudica la noche. Como un animal encandilado por la lámpara del cazador furtivo, te atraparé en medio de tu asombro. Nada te hará volver cuando amanezca.

## EL REPOSO

Este reposo al que has entregado tus manos, sin fiestas, hasta la renuncia de ti misma, sin la memoria de tus propios sentimientos, te roba la luz en los azogues del mediodía clausurado. Te relega a la penumbra mientras el rayo madura en tus entrañas.

Tu cabellera desatada cae como muerta.

Tus pájaros, dormidos, se olvidaron de ti.

## LA SANGRE

Dedos que duermen esperando al río de sangre bajo la escarcha.

## LA ADORACIÓN

¿Cuándo daré con la vena de tus labios? ¿Cuándo podré arrodillarme, por fin, justo allí donde se abotona tu sangre y despide humo la piedra pálida de tu garganta para tocar la madera de tu carne, bajo cuya costra palpita, oscura, la vida, subterránea?

## LA PROMESA

Tienes la piel quemada por tantas brasas de hielo, Providence. Tu madera oscura, tu costra de animal petrificado relucen luego, cuando todo se levanta por entre las páginas de la tormenta y es otra historia.

He ido a mirar por las grietas entreabiertas de tu corazón hundido el pozo de sangre tiritando al fondo, su espuma callada, todavía viva, para prometerme una vez más la esperanza de tu apasionamiento futuro.

Arrodillado, vuelvo a verte desnuda, dominada por la lujuria de los días calientes, danzando como una loca, sacudiéndote la ceniza de la escarcha, desenredando tus cabellos confundidos con la hiedra, barnizados por el lodo, espantando los zumbidos olorosos del calor.

Allí la primavera; su polen motoso; las abejas.

Lo que vendrá.

## EL ARREBATO

El mar, lengua de caballo, lame tus tobillos de sal, redondos como minas; los araña, se retira a saborear lo que te arrebata entre sus dientes y regresa; su mandíbula insistente es como un canto; nadie se cansa de ese encuentro. Ni tus tobillos, Providence. Ni tu amor.

## LA PERSISTENCIA

Si introduzco mi mano bajo tus mortajas siento el hielo en tu pecho, repetido. Pero sé que me escuchas a través del témpano y la hiedra congelada.

Si mi mano persiste allí abajo, sobre tu pecho, tu corazón terminará por despertar, agotará su plomo y su silencio; la espesura de su sangre será a la larga como un camino de fuego. Algo parecido a un incendio se apoderará de ti desprevenidamente: la fiebre, librándote del sueño, azuzando tu esplendor.

## EL PORVENIR

El calor baña tus zócalos. Como si quisieras volver a la tierra, el día hace que el lodo ensucie tu cabeza. Viviré para ver tu labio sobresalir de la nieve, ávido y caliente, a la altura de mi boca.

## LOS TALLOS ABIERTOS

Un día, en el centro del mundo, cuando todo coincida y el sol se apiade, veré los tallos de tu nombre abrirse; me saciaré en las playas de tu desnudez llena de aromas.

## LA PRIMAVERA

Manadas de verde tropezando con arenas de polen y cardúmenes levantarán tus faldas de madera oscura y tus tejados, Providence, y enseñarás tus muslos, la piel de tus rodillas picoteadas por los pájaros, tus tobillos cenicientos lavados por el agua de las playas. Vendavales. Pleamar.

# CINCO

# EL CIELO ESCRITO

Si nada se ha de oír, si solo el ojo es testigo de estos enormes acontecimientos que a diario se suceden sobre la cabeza del hombre, ¿cómo empujar el cielo hacia la página?, ¿cómo ponerse a decir lo que él no dice cuando despliega sus cantos callados en lo alto?

## TRABAJOS

¿Cómo sacar partido para el hombre de estos pormenores del aire y de la luz, de estos trabajos de la nube sobre la piel del día a diario?

## LA EMBOSCADA

¿Será este el cielo recuperado que me prometía mi memoria del cielo? ¿Serán estos sus paisajes perdidos que me salen al paso como para tenderme una emboscada en un recodo repentino del aire inmenso? ¿Volveré a caer entre sus brazos como en los del ser amado que regresa después de viajes increíbles sin preguntarle nada? ¿Serán estos renglones los indicios de su nombre en alto, vuelto a pronunciar, en mi propia voz, por mí?

## EL HALLAZGO

Imponencia renovada del cielo ante mí: esta sorpresa de una limpieza repentina del día que se recoge enrollando la luz en sus pliegues amarillos, mientras la noche comienza a morder los primeros escalones de su oportunidad. Hallazgo para un ojo dormido que había olvidado la alegría de esta contemplación abierta y sin miramientos. Cuánto tiempo perdido dándole la espalda a este espectáculo infinito, rehecho a cada instante por la máquina del cielo. Día derrumbado que un párpado recoge como un bocado para encerrarlo por unas horas, hasta que de nuevo se levante de su encía para encenderse de nuevo como una lámpara.

## EL ESPLENDOR

Cuando el día cae, ¿quién va a precipitarse allí con él para traer a tierra la noticia de su catástrofe, del polvo que levanta cuando se dobla herido de muerte en el último estallido de su esplendor?

## LA NOCHE

Nubes arrancadas con las manos de la tarde de la pared asombrada donde se derrumba pálido este día. Tela venida a menos, ¿qué extraña claridad se asoma tras los pliegues que un golpe ha derramado como un párpado enorme que se arruga? ¡Cielo!, ¿qué hendija?, ¿qué sigilo del ojo agachado para seguir el rumbo de esa luz apenas que se cuela por debajo de la puerta de la noche, de ese río que corre, lejano, detrás?

## LO IRREMEDIABLE

Luz a ratos sosteniendo lo que ya no tiene remedio y se precipita, con pájaros y todo, en la garganta del horizonte vasto y sin aviso.

## LA SERENIDAD

Así se sacude el día la luz, como un perro mojado que se recoge para echarse, sereno por lo que la mañana le tiene prometido en los últimos recodos de la noche.

## LA NOCHE SEGADA

Como un perro que se desprende del sueño y estira el lomo, el día tiembla un momento en el borde de la noche segada y se decide a andar con rápidos talones convencidos, cada mañana.

## LA VASTEDAD

¡Bienvenida, pupila! Claraboya del día que bosteza junto a la noche dominada y se levanta la falda de repente para mirar la luz que se arrodilla entre sus piernas como un río indeciso que alguien acaba de echar a andar, allá, con su preciso golpe de llave. ¡Oh, fuente! ¡Ah, exclusas maravillosas que dan paso a la mañana: contrafuertes del mundo levantado! ¡Heredad circunstancial del día vasto que se asoma!

## LA ENRAMADA

¿Qué dedos ponen esta malla de encaje sobre el cielo quemado para filtrar la luz que me enceguece? ¿Qué acompaña a la mirada allá en lo alto para que una red module el estrépito del aire enardecido con la luz de junio que me abrasa? ¡Ah, pérgola sedosa sobre mi cabeza, como una enramada que allá arriba teje un pasadizo de sombra para el curioso que pasea!

## EL CIELO DERRAMADO

En lo más alto del mediodía algo suena como agua: una corriente fluye entre las copas de los árboles; el viento abriéndose paso entre los dientes de una palmera frente a mi ventana. ¿En qué momento, sin cigarras, el cielo parece que se derrama sobre las cosas del mundo como una lluvia que aclara?

## LO ABSOLUTO

Acaso cuando la luz es tan potente que el cielo se borra.

## LA INACABADA

Pobre, desnuda nube inacabada que el viento pule como un hueso solitario abandonado por los perros.

## LOS PAISAJES PERDIDOS

Cuánto regala al ojo que no se precipita este cielo que madura lentamente su relato: habría que estarse mirando todo el día, cada día, hacia lo alto, para captar la grave sucesión de esos paisajes que, por suerte, se pierden irremediablemente, al fin, para la página. Maduros en quién sabe qué pliegue de la memoria, haciendo de las suyas en quién sabe qué circunvolución del sueño, esperando quién sabe qué para despertarse quién sabe cuándo: así es como puede nacer un poema acerca del cielo, de repente, como una nube, en lo inesperado.

## MECÁNICA CELESTE

¡Palabras flexibles! ¡Como en ninguna otra lengua conocida, palabras anuentes, versátiles palabras que no se eternizan nunca en la significación precisa de un objeto!

¡Necesidad constante de traslación y de cambio, de rotación y de parodia de sí mismo! ¡Hambre de fijeza y necesidad de aventura, de deriva y extravío!

¡El cielo! ¡Su alta página!

## EL OJO ALUCINADO

Agachadas a veces como al alcance de la mano, ¡qué manera tienen de jugar con el ojo que alucina el aire alto locas nubes que parecen recostar un poco el ala sobre un muro!, ¡qué manera tienen de hacernos creer que estamos de pronto a su nivel, que basta con empinarnos un poco y levantar el brazo nada más para alcanzarlas!

## LA CODICIA

Nubes codiciosas, en cerrada competencia, intentan ganar terreno para engordar sus blancos músculos de esponja a costa de las otras, rotas.

## LA TORMENTA

A todo dar, un agua muy viva rebaja al cielo a una triste condición de enorme página perdida, descompuesta por brotes de altas tuberías abiertas que encuentran por fin su sumidero ávido en el aire.

# LO DESPEJADO

Cuando una densa formación de nubes está dispuesta a ceder ante la luz que se abre paso a través de sus paredes de mota, todo ocurre como si cada movimiento de esos bloques de vapor que se separan despejando campo estuviera calculado: una serie gradual de desintegraciones invade el cielo que se despeja. Grandes placas tormentosas inician largas demostraciones de despojo. Suicidas, hacen lugar a una luz que, rebanada, se acuesta vencedora sobre cada palmo de terreno que la nube de tormenta desaloja. Tras enormes descargas de altos muros nubosos dominados a la vez, el cielo reaparece ante la mirada del hombre en la plenitud de sus más altas facultades de luz. ¡Claro su lienzo! ¡Limpia su página!

## EL AZUL DEL CIELO

Regocijo del ojo ante un retazo remoto de azul que asoma por entre la cortina de copiosos órdenes de nubes.

## LA NÓMINA

Nubes voraces en pleno crecimiento; nubes que se prueban a sí mismas; nubes nuevas. Nubes que juegan adoptando diferentes posiciones, nubes inestables, nubes miméticas. Nubes que se embriagan de luz, nubes que se estancan. Nubes que corren veloces. Nubes que se arremolinan, se retuercen, se doblan, se acortan, se alargan, se entumecen. Nubes magras, nubes atléticas; nubes indecisas, nubes sobrecargadas, nubes espesas; nubes que ya no pueden más, nubes que se hunden; nubes que se evaporan, se disipan, se hacen niebla.

## LA ESTELA

A medida que la nube se desplaza por el cielo va dejando una estela de su propia materia que permanece suspendida cuando la nube misma ha avanzado ya muy lejos. Aplicada con una ligereza que descubre la parsimonia con la que la nube viaja, en vez de ser el ruinoso producto de un desgarramiento, parece el velo de polvo apenas que sucede a una caricia: la mano del viento en su contacto descama con cuidado los velludos espaldares de la nube que pasa, y de ese roce meticuloso y atento sobrevive su huella, aquí o allá va a la deriva, leve.

## EL VELO

Estos pequeños ventanales abiertos en el lienzo de una nube adelgazada a su mínimo espesor de gasa.

## LO VENIDERO

Mármol alto. Muro del cielo que perdura siempre hacia el final de larga veta bien tramada. Que su jaspe de gases siga hablándole a los ojos con palabras de nube todavía. Frases que se enarcan puras ahí arriba, prometedoras de esa página abierta, enorme, por decir.

# SEIS

## EL PUDOR REPENTINO

Algo me acompañaba en medio del desierto abierto por un repentino pudor en páginas y páginas sacrificadas. Otros habían reducido a cenizas sus legajos, y en medio de los escombros habían aprendido a hablar de nuevo desde el humo. Así nacía para mí la dicha de un claro en la tierra quemada: guijarros tiznados me servían para aprender a escribir otra vez, con tinta magra.

## EL RETO

Si me dejaras en paz temblando bajo tu rayo. Si no me tentaras con tu luz. Si fuera un árbol desnudo bajo tu arco, una piedra callada, estaría en tu gracia. No serías para mí lo que me reta. Lo más alto por decir como una herida.

## EL ABANDONO

¿Por qué no me dejas a mi ras, ajeno a tu dominio?

## LA INSIGNIFICANCIA

¿Y cómo podría vivir sin mostrar que me rebasas?

## LO INMERECIDO

Alegría de no ser nada para celebrarte y de no merecerme querer decir tu vastedad.

## EL DESIERTO

Soy este desierto donde brillas quemándome.

## LA PARQUEDAD

Te regalo lo parco.

## LA IGNORANCIA

Nombre del cielo, dame tregua. Concédeme existir en tu ignorancia.

## LA DESNUDEZ

Vuelves desnudo como una piedra. Despojado de la antigua propiedad de los adornos que te di.

## LA SOBRIEDAD

Se acabaron tus teatros para el ojo. Ya no vemos en tu frente despejada las tramoyas. Ni aquellos escaparates asombrosos. Caminamos descalzos sobre tablas recién lavadas.

## LA CONFIANZA

Ya no me verás en el escándalo de la hoguera quemándote alabanzas. Sabes que me tienes. Estás en mí. Sin la palabra.

## EL SILENCIO

Intento una plegaria. Azótame, vendaval alto. Oblígame a callar delante de ti. Enséñame a vivir abandonándome a ese nombre que no puedo pronunciar.

## LO SUPERFLUO

¿Qué añadiríamos al mundo que ya no dieras tú con tu silencio?

## LA SALVEDAD

Abrí en tu ruina un claro. Ahora vives a salvo de mi adoración, en el yermo de la página.

## EL RETIRO

Tu nombre es ahora un secreto sin rescate. Una cifra que acaba en mí para que tú seas.

## LA CÓLERA

Que nadie distinga en mí la quemadura de tu rabia.

## LA ANUENCIA

El desierto es la dicha de someterme a lo que me deja sin voz.

## LA BELLEZA

Temo tu desnudez que me domina. Tu belleza como un látigo que duele.

## LA VIDENCIA

Esperar el borde de sombra donde tu luz se pliega, para empezar a ver.

## LO QUE RESTA

Solo quedó tu nombre en pie, piedra quemada. Volviste a ser desde la ceniza, desde lo borrado, con letra insegura. Una mano inexperta te reescribió en el polvo.

# LO INEVITABLE

Ahora nos vino el grano de lucidez que podría salvarnos, pero es tarde. Lo que elevamos, contra los altavoces de la curiosidad de aquella gente ansiosa de lujos, se desplomó en lo sordo y ya no levanta vuelo. La palabra nos cobra nuestro derroche y se resiste a asistirnos en el momento en que más la necesitamos. La sobriedad no es nuestra conquista, sino lo inevitable a que nos obliga la destrucción de aquel lenguaje.

## LO INDECIBLE

Aprendemos a hablar desde la parquedad de los mendrugos. Palabra magra que ralea en farallones pelados. En su pedernal pulido te reflejas como una sombra. Y te alaba su rabia, sin atreverse a proferir tu nombre.

## LO ESCASO

El exceso nos hizo perderte. Sobreabundancia sin gracia. Aspaviento. Simulacro. Ahora arañamos una esquina de musgo para encontrar la humedad perdida. Y la palabra nos sabe a tierra, como si naciéramos de nuevo con ella, para aprender a decirte desde la escasez. Con rabia.

## LA TRANSPARENCIA

Menesterosos, cuanto más pobres, conocemos entonces la alegría de alcanzar un bocado. Qué valor adquiere ahora el solo vocablo que te dice sin alarde. El terrón que se disuelve sin enturbiar tu imagen en el agua.

## LO ADUSTO

Aprendemos a levantar la voz desde lo árido. Cielo, cómo suenas ahora a dicho terrenal y adusto, a cosa magra, santa, reservada.

## EL CIELO INTERRUMPIDO

No estamos solos en tu blanco. Cuando ya no resuena el tambor de tus relámpagos, ni se levantan ostentosos tus redobles de nubes y drapeados, encontramos la sal de lo seco donde la luz borra todos los agravios. Desaparecen las letras. No estamos solos en tu blanco.

# ÍNDICE

CUATRO

## CINCO

SEIS

Esta primera edición de *Tránsitos*
se acabó de imprimir el 10 de
julio de 2025 en Madrid.